AF452230

VUES ET PROJETS

D'ÉCONOMIE

POLITIQUE.

PAR LE Cⁿ. BRILLAT-SAVARIN,

Ex-Constituant, membre du Tribunal de Cassation, et de plusieurs Sociétés Savantes.

Lp exemplaire offert par Stauber

Vim temperatam di quoque provehunt in majus. . . . . . . HORAT.

A PARIS,

DE L'IMPRIMERIE DE GIGUET ET MICHAUD,
RUE DES BONS-ENFANS, N°. 6, AU COIN DE LA RUE BAILLIF,

AN 1801.

A BONAPARTE.

Citoyen premier consul,

Ce n'est pas assez pour vous d'avoir fait triompher la République ; vous voulez encore que sa gloire soit le principe de sa prospérité intérieure.

J'ai osé m'associer à vous, autant qu'il est en moi, en publiant des observations qui ne seront peut-être pas toutes sans quelque utilité.

Agréez-en l'hommage, citoyen Consul, ainsi que mes vœux pour votre bonheur personnel.

BRILLAT-SAVARIN.

NOTE PRÉLIMINAIRE.

Les circonstances de ma vie m'ont familiarisé avec la plupart de nos administrations ; j'ai voyagé , et j'ai toujours trouvé du plaisir à transporter (du moins par la pensée) dans ma patrie les établissemens qui m'ont paru bons dans les autres pays.

J'appelle maintenant l'attention publique sur quelques-uns des sujets que j'ai médités avec le plus de complaisance.

Ceux qui s'y connoissent, me sauront gré de ma précision ; car j'ai eu de la peine à m'empêcher de faire un volume *in*-8°.

Mais j'aspire sur-tout à être lu , et j'écris pour les gens instruits , qui veulent qu'on ne leur parle que par résultats , et qui sont sujets à s'impatienter quand on emploie plusieurs pages à leur prouver une proposition qu'ils ont pu juger sur le simple énoncé.

VUES ET PROJETS

D'ÉCONOMIE

POLITIQUE.

Fonctionnaires publics et Employés,

I.

Quand une grande société a été ébranlée jusques dans ses bases, quand pendant une assez longue suite d'années on a tout examiné, tout discuté, tout renversé, tout recréé et tout modifié, le mouvement révolutionnaire survit à la révolution elle-même.

Les nombreux atômes que la fermentation avoit déplacés, errent encore longtems dans l'espace ; tôt ou tard ils produiroient de nouveaux effets, s'ils n'étoien

enfin fixés par une puissance, dont l'as-
cendant ne doive céder qu'à un concours de
circonstances infiniment rares.

Cette puissance, base première de tout
bon gouvernement, ne s'obtient que par de
bonnes lois.

Seules, elles peuvent faire couler dans
tous les rangs ce sentiment d'ordre et de
sécurité, qui, succédant peu-à-peu à l'am-
bition indéfinie des tems de troubles, fait que
chacun jouit du présent, sans crainte vague
pour l'avenir.

S'il est une classe d'hommes pour qui ce
sentiment soit un besoin, c'est sur-tout la
classe nombreuse des employés intermédiaires, classe aussi intéressante qu'utile,
et dont cependant on ne s'est jamais spécialement occupé.

Quand on a considéré l'exécution du
pacte social, on s'est presque toujours arrêté
au gouvernement qui ordonne ; on a rarement daigné descendre jusqu'au gouver-

nement qui exécute. Il m'a semblé au contraire que le gouvernement, pris dans sa
signification la plus étendue, formoit une
chaîne non interrompue depuis le secré-
taire de la plus petite municipalité, depuis
le greffier du juge de paix le plus éloigné,
depuis le commis de l'administration la plus
ignorée, jusques aux ministres correspon-
dans, et delà jusqu'au chef suprême du
pouvoir exécutif.

J'ai pensé que c'étoit dans l'harmonie par-
faite de tous ses élémens que consistoit la
vigueur du corps politique; que, hors delà,
on rencontroit à chaque pas une foule de
petits obstacles qui paralysent ou dénaturent
les meilleures intentions (1).

____

(1) Que le gouvernement, par exemple, veuille
prendre une mesure administrative, si l'arrêté est
négligé au bureau de rédaction; s'il est retardé au
bureau d'envoi; s'il rencontre les mêmes obstacles
aux secrétariats des préfectures et des sous-préfec-

Je crois donc qu'on auroit fait un grand pas vers la stabilité de l'ordre actuel, si on y attachoit tous les agens secondaires par l'amour et la connoissance de leurs devoirs: c'est d'après cette idée, que j'ai d'abord porté mes regards sur une réunion d'hommes dont le plus grand nombre demeure toujours ignoré, et sans lesquels cependant rien ne se fait.

II.

Parmi les leviers dont on peut se servir pour mouvoir les hommes, nous avons depuis long-tems beaucoup trop négligé l'espérance.

On a créé des places; on y a joint des traitemens : on a nommé les sujets qui doivent

---

tures ; si les maires ne s'en occupent pas avec zèle, l'ordre ne sera point exécuté, ou le sera mal, ou le sera trop tard ; ce qui est souvent pire que s'il n'eût point été donné.

en jouir; ceux-là les exercent maintenant,
et on ne voit point où se forment ceux qui
doivent leur succéder.

Certes, il ne faut pas se dissimuler que
souvent l'ouvrage a été mal fait, parce que
par-tout il y a des fautes d'apprentissage
dont celui qui a le plus d'aptitude ne peut
pas se défendre, indépendamment de l'incertitude, du tâtonnement et de la lenteur
qui accompagnent nécessairement les premiers pas qu'on fait dans une carrière in-
connue.

C'étoit-là sans doute un mal nécessaire
au commencement d'un régime nouveau,
qui avoit pour ennemis tous les employés
de l'ancien; mais maintenant qu'on s'est
apperçu que tous ne sont pas propres à tout
que le mérite trouve sa place par-tout où il
est reconnu, il seroit impardonnable de
laisser la chose publique en proie aux bévues
du noviciat, et de ne pas exiger que ceux
qui désormais seront nommés à des fonc-

tions publiques, aient mérité la confiance par quelques travaux antécédens.

Ainsi je propose la création de places d'aspirans auprès des préfets civils et maritimes, des commissaires du gouvernement près les tribunaux et les administrations, et par-tout où la nature des choses le permet.

Ceux qui rempliroient ces places, fourniroient gratuitement leur travail, apprendroient à connoître les lois et leur application ; ils auroient, pour encouragement, la perspective d'être un jour salariés dans la partie qu'ils auroient choisie. Le gouvernement y trouveroit, de son côté, l'avantage de voir se former, sans dépense nouvelle, une pépinière de gens instruits qui, remplis d'une émulation louable, chercheroient à acquérir des droits à sa confiance, et qui, pour bien s'acquitter des fonctions auxquelles ils seroient appelés, donneroient le passé pour gage de l'avenir.

Et qu'on ne croie pas que les places d'aspirans seroient peu recherchées, quand leur création annonceroit le retour vers un ordre régulier d'avancement, quand le besoin de travailler se fait généralement sentir, et quand le retour de la paix amène nécessairement bien des suppressions !

Au reste, on peut à cet égard interroger l'expérience. L'administration de l'enregistrement et du domaine ne salarie ses employés, qu'après un surnumérariat qui dure quelquefois plus de cinq ans. Le premier bureau qui devient le prix d'un travail si long et si assidu, fournit à peine au plus strict nécessaire ; cependant le nombre des surnuméraires pourroit être doublé du jour au lendemain, parce que dans cette partie l'avancement se fait avec ordre, quoiqu'avec lenteur.

Les sénats de Turin et de Chambéry ne se recrutoient autrefois que de jeunes gens qui, après avoir étudié en droit, avoient encore travaillé gratuitement pendant plusieurs années dans les bureaux des avocats-généraux, et ces corps judiciaires méritoient tout le respect attaché à leurs noms.

On objectera peut-être que l'établissement proposé donneroit aux gens aisés le monopole des places.

Je réponds d'abord que les aspirans, dans le plus grand nombre de cas, pouvant rester au sein de leur famille, feroient ainsi *leur apprentissage* de la manière la plus facile, la plus commode et la moins coûteuse.

Je réponds, en second lieu, que l'effet supposé seroit plutôt un avantage qu'un inconvénient ; car, en partant de la base que le traitement accordé à chaque place, ne représente que ce qu'il faut pour vivre d'une manière convenable, alors il est bon que les places à salaire fixe soient données à des hommes qui ont déjà quelque aisance, et de réserver, au contraire, ceux qui ont une fortune à faire, pour le commerce intérieur et extérieur, les manufactures, et pour toutes les places, en un mot, dont les émolumens sont indéfinis.

L'établissement des aspirans nous ramèneroit, après un long circuit, à cette règle si triviale, et cependant si sûre, que *pour bien faire quelque chose, il faut avoir appris.*

III.

On rencontre souvent des hommes qui, ayant été revêtus d'emplois importans, sont bien loin d'être dans l'aisance. On en voit d'autres qui, s'étant trouvés précisément dans les mêmes circonstances, sont environnés de tout l'appareil de l'abondance et du luxe.

Deux effets aussi opposés viennent cependant de la même cause, la versatilité dans les emplois.

Ne seroit-il pas à desirer que le gouvernement s'occupât, sous ce point de vue, de la classe nombreuse des employés , et que leur sort fût rendu aussi invariable que que la nature des choses peut le permettre?

Ici se rattachent deux réflexions importantes. La première , que tout homme ne se respecte qu'autant qu'il est lui-même considéré. La seconde , que celui-là n'est pas considéré , dont la position n'est que transitoire ; car , la considération *sociale* n'est , pour le plus grand nombre , que le résultat indéterminé du bien ou du mal qu'un homme peut faire : elle a pour élémens , l'intérêt et la crainte.

On vieillissoit autrefois dans les bureaux ; tout homme regardoit son emploi comme son patrimoine ; s'il avoit un fils, il l'y destinoit de longue main : la patrie jouissoit ainsi tout à-la-fois et de l'expérience du père , et du fruit des leçons que le fils en avoit reçues.

Depuis la révolution tout a changé. Chaque administration a admis dans son sein une longue suite d'hommes qui se sont tour-à-tour remplacés ; les emplois les plus importans ont passé de main en main , et la succession a été, en général , si rapide, que, dans le grand nombre de ceux qui ont ainsi paru et disparu, il en est très-peu qui aient pu seulement connoître à fond la nature et l'étendue des fonctions qu'ils ont remplies.

Delà, confusion et lenteur dans les affaires ; car il faut retrancher du tems employé utilement, tout celui qu'on perd à s'instruire des lois qu'il auroit fallu savoir d'avance , ou à connoître le matériel des choses sur lesquelles on doit opérer.

Que de réclamations restées sans réponse, parce qu'elles ont été ignorées ! Que d'affaires qui ne finiront point, faute d'avoir été classées ! Que de comptes ne seront jamais appurés, parce que les pièces en sont perdues ! Que de bureaux qui n'ont changé de place et de forme, que par suite du changement des chefs !

Delà encore, négation absolue de toute responsabilité ; car il est d'usage qu'on ne recherche pas l'auteur d'une faute quelconque, quand celui qui l'a commise, n'est plus en place. D'ailleurs, il suffit qu'une fausse opération ne porte pas visiblement le cachet de celui qui l'a faite, pour qu'on ne manque jamais de l'attribuer à celui qui n'est plus là.

Enfin, c'est par suite de l'instabilité des places, que la vénalité est arrivée à un point si effrayant, qu'elle a presque cessé d'être un scandale.

Un homme honnête et probe a occupé, pendant une grande partie de sa vie, un emploi à traitement modique ; on le renvoie au moment où il n'est plus propre à aucune espèce de travail ; il tombe dans l'indigence, et rarement trouve-t-il quelqu'un qui le plaigne.

Son successeur, instruit par cet exemple, vend sa protection, vend ses rapports, vend jusqu'à son silence, et quelque honteuse que soit cette conduite, il la cache d'autant moins, qu'il cherche à la faire passer pour la suite d'une prévoyance qui, aux yeux de beaucoup de personnes, a du moins l'apparence de diminuer l'immoralité du fait.

Un tel ordre de choses ne doit pas subsister. Il s'amélioreroit en très-grande partie, si le sort des subalternes étoit plus assuré, si leur renvoi étoit soumis à quelques formalités, si on fesoit des réglemens tels que l'état de chaque employé dépendît uniquement de sa conduite, et non pas du caprice et de la permanence du chef.

Alors, et alors seulement, les bureaux et les secrétariats de toute espèce se rempliront d'hommes instruits et laborieux; alors leur nombre pourra être réduit à ce qui est exactement nécessaire ; alors, même en les traitant avec plus de libéralité, l'état fera une économie bien entendue, en ce qu'en diminuant la dépense, le travail produit sera amélioré.

Pour bien sentir l'importance du sujet dont on s'occupe, il faut que tout le monde sache que dans la somme totale de ce qui se fait administrativement dans un grand empire, les trois-quarts ne sont l'ouvrage ni du chef ni des employés supérieurs, mais des intermédiaires sur qui on rejette tout ce qui est mal, qui n'ont pas la gloire de ce qui est bien, et auxquels il faut du moins assurer la permanence de leur obscurité.

I V.

Après avoir soutenu la jeunesse par l'espérance, conservé l'âge viril par la confiance, il reste encore à prendre soin de la vieillesse.

Le moment viendra bientôt, où l'âge avec toutes ses suites atteindra une portion nombreuse des agens que la République salarie.

Arrivés à l'époque où le travail est un

lardeau , que deviendront-ils , soit qu'ils possèdent des emplois à vie, soit qu'ils ne se trouvent revêtus que de fonctions purement temporaires ?

Faudra-t-il que les premiers demeurent en place, même après que la foiblesse aura amené l'inaptitude , et le besoin du repos ? Faudra-t-il que les seconds attendent un renvoi qui ne seroit jamais sans humiliation ? La République ne prendra-t-elle soin ni des uns , ni des autres ? N'est-il pas juste que le souvenir de leurs services passés , ait une influence sur l'âge où ils ne peuvent plus en rendre ?

La solution de toutes ces questions doit donner pour résultat, qu'il seroit convenable , qu'il seroit bon , qu'il seroit même nécessaire d'aviser aux moyens d'assurer à tous les salariés de la République une pension de retraite, qui leur seroit acquise dans des circonstances données , et leur procureroit jusqu'à la fin de leur vie une aisance relative.

Plusieurs voies sont ouvertes pour parvenir à ce but.

On pourroit créer des places d'adjoints en survivance. Ils feroient le travail avec un traitement de moitié, et auroient l'expectative du tout à la mort du titulaire. Ce moyen paroît plus spécialement applicable aux fonctions à vie.

On pourroit encore établir sur tous les traitemens que donne la République, une retenue quelconque dont le produit seroit invariablement affecté à des pensions, et réparti proportionnellement entre ceux qui se trouveroient dans les circonstances que la loi auroit indiquées. Ce mode est généralement applicable à tous les emplois, quelle qu'en soit la durée.

Enfin le gouvernement pourroit autoriser les conventions privées entre deux individus, dont l'un seroit un fonctionnaire actuel, et l'autre un sujet propre à le devenir, et ayant déjà obtenu le suffrage de la puissance qui auroit le droit d'élire en cas de mort, ou de démission.

Je ne vais pas plus loin dans la recherche des moyens, pour ne pas outre-passer les limites que je me suis fixées. J'observe seulement que je ne propose point une chose absolument nouvelle ; que les pensions de retraite ont déjà lieu pour les militaires, pour les employés de l'enregistrement ; qu'il ne s'agit que de rendre communes à tous ceux qui travaillent pour la République, des mesures déjà reconnues bonnes, et qui, généralisées, doivent avoir une influence notable sur l'activité du service et la moralité des individus.

ROUTES.

V.

Parmi les objets dont il est urgent de s'occuper, celui qu'on doit mettre au premier rang est, sans doute, l'état actuel des routes. La prospérité du commerce et de l'agriculture dépend essentiellement de la facilité des communications, et déjà la difficulté des transports a influé presque partout, d'une manière très-funeste, sur le prix des produits ruraux.

Mais il est inutile de se le dissimuler; le délabrement des routes est tel, que leur réparation n'est plus au nombre des choses qui s'obtiennent par de l'argent.

La somme totale de ce travail est bien au-dessus de ce qu'on peut faire avec des mercenaires, et il ne faut pas moins que l'effort momentané de tout ce qui est capable de travailler parmi nous, pour effacer les suites de dix ans de négligence.

Ce n'est pas que le gouvernement puisse retirer les fonds destinés aux grandes routes. Il est nécessaire de les appliquer aux réparations des ponts et chaussées, des digues, du pavé et autres de cette espèce; mais le

surplus doit être exécuté par la coopération
de tous les citoyens , et un appel qui sera
fait au nom du gouvernement, et régularisé
par lui, donnera pour résultat un travail
simultané, qu'aucune somme ne pourroit
procurer.

Effectivement, un grand nombre de propriétaires et d'agriculteurs, qui, pour aucun
prix ne travailleroient à la journée, se lève-
ront à la voix des consuls; ils travailleront
par eux-mêmes, par leurs domestiques, par
leurs animaux; et, d'après l'essai déjà tenté
par quelques préfets, il est permis de croire
que non-seulement personne ne se refusera
à cette tâche vraiment civique, mais je ne
doute pas que ces jours de travail ne soient
des jours de fête; car le besoin de réparer
les routes est vivement senti : tous les Français connoissent maintenant les avantages
d'une circulation active, et il n'est point
d'observateur pour qui il ne reste bien démontré, que l'un des fruits les plus durables

de la révolution, sera d'avoir rendu familières, même pour la classe indigente, des idées libérales qui lui étoient auparavant totalement étrangères.

Je pense donc que ce ne seroit pas trop de demander au peuple, dans le courant de l'an 10 , quatre jours de travail pour la réparation des routes. Ces jours, intercalés habilement, suivant les localités , dans les intervalles où les travaux de la terre laissent le plus de relâche aux agriculteurs, produiroient un bien inappréciable, et qu'on ne pourra jamais obtenir d'une autre manière.

V I.

Puisque nos routes sont tracées sur une telle échelle, qu'il y a presque toujours du superflu dans la largeur, ne pourroit-on pas en désigner une portion qui seroit exclusivement affectée aux gens à pied ?

J'ai souvent gémi sur l'indiscrétion de ceux dont les voitures avoient rendu hors d'usage le bord du chemin que les piétons suivent ordinairement, quand j'ai vu ceux-ci obligés de chercher et de frayer sur le champ voisin, et quelquefois au travers des récoltes, un sentier plus praticable.

Il m'a semblé qu'un trottoir de trois pieds de chaque côté, en même-tems qu'il adouciroit les fatigues de la route pour les voyageurs à pied, seroit encore très-avantageux aux propriétaires riverains. Ces trottoirs, qui seroient d'un entretien facile, pourroient, dans la suite, être pavés de larges dalles de pierre, et les réglemens de voierie en assureroient la destination.

La portion de la nation qui voyage à pied, mérite bien qu'on s'occupe d'elle, puisqu'elle comprend la presque totalité des artisans, des agriculteurs et des soldats.

V I I.

En Suisse, et dans quelques parties de

l'Allemagne, quand la grande route traverse une montagne, on manque rarement de trouver au-dessus un banc ombragé de quelques arbres.

Le voyageur y dépose son fardeau, s'y met à l'abri, s'y délasse, et souvent s'y désaltère. Je n'ai jamais passé devant ces ombrages, sans un sentiment d'approbation et de reconnoissance.

Je voudrois voir se multiplier ces établissemens philantropiques et peu coûteux. Que l'individu ait souvent occasion de bénir le gouvernement qui le protège, et s'occupe de lui ; car c'est de la somme de ces bénédictions que naissent l'esprit national et le vrai patriotisme.

VIII.

Ce ne seroit pas assez d'avoir momentanément réparé les routes, si on ne veilloit ensuite à leur conservation.

On atteindra ce dernier but, en adoptant

enfin des mesures que provoquent depuis long-tems tous les hommes éclairés, c'est-à-dire, en fixant le nombre des chevaux qui peuvent être attelés à une voiture, et en déterminant, d'une manière convenable, la largeur de bande que doivent avoir les roues.

Je ne vois jamais sans aversion ces lourdes machines attelées de six ou huit chevaux, qui vont tout pulvérisant, et qui menacent de destruction les hommes et les choses : je les regarde comme un mal ambulant.

Les roues en sont sur-tout parfaitement calculées pour détériorer les chemins ; avec des bandes plus larges, elles feroient moins de mal ; et avec des bandes plus étroites, elles n'en feroient pas long-tems, parce qu'elles enfonceroient jusques aux moyeux.

L'ancien gouvernement avoit entrevu cette vérité ; mais les réglemens qu'il avoit faits n'ont été que mal observés ; et, d'ailleurs, si je m'en souviens bien, on avoit laissé une trop grande latitude pour le nombre des chevaux.

Qu'on ne croie pas que les limitations que je rappelle, puissent nuire à la circulation des marchandises. Je pense que le commerce y gagnera

1º. Par la célérité, puisque les voitures fesant de plus grandes journées sur de belles routes, la diminution de tems et de dépense dans le transport compensera, et au-delà, la diminution de poids dans le fardeau transporté;

2º. Par la rareté des accidens, qui sont plus communs, plus graves, et souvent irrémédiables pour les voitures lourdement chargées;

3º. Par la conservation des animaux de trait; car, dans les voitures qui portent huit à dix milliers, tout l'effort du poids se concentrant, en beaucoup de circonstances, sur les chevaux de brancard ou de timon, la plupart succombent en peu de mois à ce pénible travail, et il faut bien que cette perte entre pour quelque chose dans le tarif du transport.

Je regarde aussi comme certain, que les réglemens proposés ne donneront pas plus de tirage. En effet, ces voitures n'éprouveront plus les frottemens latéraux des ornières, du pavé, des creux, etc. ; si le frottement vertical paroît augmenter par une plus grande étendue des surfaces en contact, il y aura compensation par la diminution de résistance qu'on obtiendra, en ce que les roues ayant une base plus large, n'enfonceront que peu ou point dans les terrains mous.

D'ailleurs, interrogeons l'expérience : regardons chez nos voisins et autour de nous.

Les belles routes de Suisse et d'Angleterre n'ont dû leur conservation qu'à des réglemens semblables.

En France, le transport qui se fait par les

habitans de la Franche-Comté, ne s'effectue que par des chariots à quatre roues, attelés d'un seul cheval ; ils traversent ainsi la république, un seul homme conduisant trois et jusqu'à quatre de ces voitures, et il est connu que beaucoup d'entrepreneurs ont fait leur fortune par cette espèce de roulage.

Enfin, il s'est établi depuis quelque tems à Paris, pour le transport des marchandises, des fourgons légers sur diverses routes, et des cabriolets pour les voyageurs. Ces entreprises prospèrent, et la liberté, rendue à l'industrie, nous a fait faire aussi en cette partie un très-grand pas vers la perfection.

Peut-être, en réfléchissant sur l'objet que je traite, on pensera aux ponts à bascules ; mais ils me paroissent sujets à de grands inconvéniens :

Frais de premier établissement ;

Emploi de beaucoup d'individus à une industrie qui n'est pas productive ;

Incertitude pour les commerçans sur le jour où leurs envois parviendroient ; car, toutes les fois que les voitures seroient arrê- tées, soit pour la rédaction des procès-ver- baux, soit pour le paiement de l'amende, les retards deviendroient inévitables, et le pré- judice qui en résulteroit, frapperoit réelle- ment sur le propriétaire de la marchandise, tandis que la contravention seroit uniquement le fait du chargeur où du voiturier.

Enfin, dans tous les cas, retard effectif et nécessaire dans la marche des voitures. S'il est vrai que quelquefois on est obligé de S'arrêter assez long-tems aux barrières de la taxe d'entretien des routes, où il n'y a cependant que de l'argent à donner, à plus forte raison le retard sera-t-il sensible dans les opérations du pesage, qui seront toujours de quelque longueur, et qu'il faut prévoir pour toutes les circonstances et pour toutes les heures du jour et de la nuit.

Ajoutons à ces considérations, qu'on doit,

en bonne politique, adopter, de préférence, les mesures qui conviennent à l'esprit général de chaque nation ; et si chez des peuples, naturellement flegmatiques, les ponts à bascules font proférer bien des imprécations, on peut juger de leurs effets sur des Français, et sur-tout sur des Français du midi.

Ainsi, comme je ne doute pas que cet objet ne soit pris en considération, je pense qu'il faudra s'en tenir à la fixation du nombre des chevaux, et de l'épaisseur relative des roues : cette mesure seule conduira au but d'une manière sûre et uniforme.

COMMERCE ET INDUSTRIE.

V I I I.

Il faut encourager le commerce : c'est une vérité d'économie publique que tout le monde a dans la bouche ; mais peu ont réfléchi combien on doit être délicat sur les moyens d'y parvenir.

Il semble, au premier coup-d'œil, que rien ne soit aisé, comme de prodiguer les secours pécuniaires, les primes, les exemptions, etc.; cependant on doit craindre qu'en donnant une attention trop exclusive à une branche industrielle, on ne réagisse sur quelques autres d'une manière très-préjudiciable.

Ainsi, des encouragemens prodigués aux manufactures en coton, peuvent nuire au commerce des soies; et une faveur trop prononcée pour ces deux premiers articles, porteroit peut-être un préjudice notable aux manufactures de draperies, et ainsi des autres.

Sans doute il est du devoir du gouvernement d'aider l'artiste habile qui a besoin de fonds, pour faire valoir une invention utile; sans doute, c'est à lui de diriger par des primes le commerce d'exportation vers les objets qui peuvent augmenter en notre faveur le résultat de la balance; mais il doit être très-sobre dans l'emploi de ces moyens.

Le sol de la république donne tous les produits de l'Europe ; on peut y manufacturer tous ceux du nouveau monde. Ainsi l'intérêt particulier, le plus actif de tous les mobiles, a la faculté illimitée de choisir les objets sur lesquels il doit opérer, et peut-être le gouvernement aura-t-il payé sa dette au commerce en le favorisant de la manière la plus générale, c'est-à-dire, en l'honorant, en le débarrassant d'entraves, et en augmentant, par tous les moyens, la somme du travail ; car le commerce naît de lui - même par-tout où il y a matière commerçable, et facilité de commercer.

Déjà, à cet égard, on peut consulter l'expérience. Certes, on ne peut regarder les deux expositions des produits de l'industrie française, qui ont eu lieu jusqu'à présent, que comme des distinctions purement honorables ; cependant elles ont produit les plus grands et les meilleurs effets.

On se rappelle l'empressement que le public mit à se porter à la foire nationale de l'an 6. Le grand nombre étoit sans doute conduit par la curiosité ; mais beaucoup revinrent avec des idées d'imitation et de perfection, et plusieurs ont réussi depuis.

Quand après plusieurs années d'interruption, cette institution a été reprise, l'empressement a été extrême parmi les manufacturiers : quoique peut-être ils eussent été avertis trop tard, la plus grande partie de ceux dont les productions avoient été jugées dignes du concours, n'en a pas moins fait le voyage de Paris.

Nous avons été témoins du noble orgueil dont ils étoient remplis, par cela même qu'ils étoient devenus un objet d'attention spéciale pour le gouvernement ; nous avons pu apprécier la sensation qu'avoit faite sur eux l'accueil qu'ils ont reçu des premières autorités de la république.

Arrive maintenant ce qui pourra, di-

soit le citoyen Faüller, fabricant de maro-
quins à Choisy - sur - Seine, *jamais on
ne m'ôtera l'honneur d'avoir dîné avec*
Bonaparte.

Ce n'est pas tout, et l'avantage d'avoir
été admis à l'exposition nationale, n'a pas
été un honneur stérile. Nous savons que
plusieurs des maisons qui avoient exposé en
l'an 6, ont vu depuis s'augmenter singulié-
rement leur crédit et leurs affaires.

L'exposition de l'an 10 a eu une influence
également avantageuse. Le rapport du jury
des arts, imprimé et distribué à plus de dix
mille exemplaires, est devenu un excellent
livre d'adresses pour tous ceux qui savent
estimer et payer ce qui est beau et bon.
Plusieurs possesseurs de brevets d'invention
ont trouvé des bailleurs de fonds, qu'ils
avoient vainement cherchés auparavant.
Les demandes d'objets exposés se sont mul-
tipliées sur tous les points de la république;
on peut citer à ce sujet les schals de Decre-

tot et ceux de Pictet, les cheminées de De-
sarnod, les poteries d'Utz-Schneider, les grès-
porcelaines de Fourmy, les vis façon anglaise de L. Tournu, les limes de Raoul,
et plusieurs autres.

En même-tems les anciens préjugés font
place à des idées plus saines et plus natu-
relles. L'opinion publique s'éclaire et se
prononce. Par elle, le commerce compte
parmi ses adeptes des noms que l'histoire
a consacrés ; par elle les manufacturiers
industrieux sont mis au nombre des citoyens
les plus intéressans : par-tout ils ont été por-
tés sur la liste nationale, et les premières
autorités ont reçu dans leur sein beaucoup
de négocians distingués.

X.

Si je m'en souviens bien, le conseil de
préfecture de la Seine a renvoyé à une
commission la question de savoir s'il seroit
avantageux de rétablir les maîtrises.

La négative m'a toujours paru si évidente, que j'ai craint que ce travail n'ait été proposé avec l'envie d'obtenir une toute autre solution.

A Dieu ne plaise que je soupçonne le gouvernement actuel capable de céder jamais aux sollicitations intéressées des ci-devant maîtres. Je n'ai pu toutefois résister à la tentation de m'occuper un instant de cet objet, ne fût-ce que pour éveiller la sollicitude de tous les bons esprits qui participent à l'administration de la France.

Fidèle au plan que je me suis tracé, je ne traiterai point la thèse théoriquement et dans toute son étendue. Cependant il me seroit facile de faire voir que chez tout peuple policé, la liberté indéfinie de travailler, dérive de la nécessité absolue de subsister; qu'en pareille matière, toute loi prohibitive n'est qu'un impôt mis sur l'industrie au profit de la richesse acquise; que le peu d'argent que rendroit la loi qui rétabliroit les maîtrises, seroit le prix d'une foule de malheurs particuliers ; que son effet le moins désastreux seroit d'alarmer sur leur existence tous ceux qui vivent de leur travail, et de les arracher de leurs ateliers pour les livrer à la sollicitation et à l'intrigue ; qu'elle arrêteroit dans son principe le mouvement général de l'industrie nationale; qu'elle étoufferoit, avant leur naissance ou avant leur entier développement, un grand nombre d'entreprises utiles; qu'elle diminueroit notablement la somme du travail, en ôtant à beaucoup de travailleurs l'émulation, la considération et l'espérance; que le gouvernement ne seroit pas même certain de choisir les plus honnêtes et les plus industrieux.

J'aime mieux faire parler les faits.

Je demanderai donc, en commençant par les arts de première nécessité, si nous avons eu de moins bon pain, de moins bonne viande, de moins bons souliers, de

moins bons habits , des maisons moins bien
faites , depuis que nous n'avons ni maîtres
boulangers , ni maîtres bouchers, ni maîtres cordonniers , ni maîtres tailleurs , ni
maîtres maçons?

Je demanderai ensuite si nous n'avons
pas fait de grands pas vers la perfection ,
dans tous les arts de nécessité secondaire ,
tels que la tannerie , la bonneterie , la poterie,
la papeterie , la filature et la tisseranderie ?
Si les maîtres tapissiers faisoient quelque
chose de plus noble et de plus élégant que
les draperies qui ornent nos salons , ou les
boudoirs de nos belles ? Si les maîtres ébé-
nistes ont jamais atteint la perfection des
meubles fabriqués par les Jacob , les Ligne-
reux et autres ? Si nos ouvrages d'orfévre-
rie , et nos armes de luxe ne présentent pas
un fini et un degré de perfection au - delà
desquels l'imagination ne trouve plus rien ?

Je demanderai enfin s'il n'est pas vrai
que depuis peu d'années, plusieurs manu-

factures absolument nouvelles se sont établies ? plusieurs secrets importans pour les
arts ont été arrachés aux nations voisines ?
S'il n'est pas vrai que plusieurs découvertes
ont été faites, plusieurs méthodes perfectionnées par des hommes étrangers , par
leur profession , aux arts auxquels se rattachent ces découvertes et ces méthodes ?
S'il n'est pas vrai que plusieurs artistes des
pays voisins commencent à venir de toutes
parts apporter leur industrie et leurs capitaux dans un état où l'égoïsme magistral
ne leur oppose plus d'entraves ?

Et puisque tous ces avantages ont été obtenus, malgré les orages de la révolution ,
les maux d'une guerre universelle et le blo-
cus de nos ports , que ne doit-on pas espérer
depuis qu'un gouvernement pacificateur du
monde a fait cesser tous ces obstacles !

Que le mot *maîtrise* ne soit donc même
plus prononcé parmi nous. Que les Français
jouissent à jamais de deux avantages que

tout gouvernement sage doit respecter l'ÉGALITÉ CIVILE et la LIBERTÉ INDUS-TRIELLE.

AGRICULTURE.

X I.

Quand on compare la situation actuelle de l'agriculture avec l'état où étoit cet art il y a cinquante ou soixante ans, on y apperçoit d'importantes améliorations.

La culture de la pomme de terre a été généralisée. La théorie des engrais s'est établie sur des bases certaines. Les races de bêtes à laine ont été perfectionnées, et on a remonté aux vraies causes de leur dégénération. Les avantages des prairies artificielles en ont amené la pratique ; les herbes qui y sont propres, ont été observées et séparées. Plusieurs plantes peu connues ont été importées et naturalisées, soit pour l'usage de l'homme, soit pour celui du bétail.

Cependant il s'en faut beaucoup que ces

améliorations aient eu lieu sur tout le territoire français. Plusieurs départemens sont
à cet égard dans une ignorance absolue. Il
en est qui ne connoissent pas même le nom
des plantes dont la culture pourroit fournir
un moyen avantageux d'échange, la ga-
rance par exemple. La méthode des jachères
résiste encore en beaucoup d'endroits à la
force réunie du raisonnement et de l'expérience. L'usage, établi par une aveugle
routine, soutient encore beaucoup de pratiques défectueuses; et d'ailleurs, tout ce
que nous avons fait de bien en agriculture,
ne s'est opéré qu'avec une lenteur qu'on
peut accélérer.

Les sociétés d'agriculture établies dans
les chefs-lieux de département, ne produi-
ront jamais cet effet que d'une manière
imparfaite, soit parce que l'instruction des
villes ne se répand que difficilement dans
les campagnes, soit parce que ce ne sont
pas les citadins et les gens instruits qu'il

faut convaincre, mais les routiniers et les agriculteurs, soit enfin parce que ce n'est ni sur des parterres, ni sur des jardins qu'il faut faire des essais, mais sur des champs de toute nature et de toutes grandeurs.

Ces réflexions pourroient conduire à l'établissement de comités ruraux dans chaque canton.

Là se réuniroient quatre fois l'année les agriculteurs pour se communiquer leurs observations et leurs découvertes. Le président seroit le correspondant né de la société d'agriculture du département, et ces assemblées deviendroient le moyen de propagation de toutes les vérités de théorie ou d'expérience que le gouvernement jugeroit dignes d'une publication officielle.

C'est une vérité applicable à tout, que les points centraux n'agissent qu'autant qu'ils ont des chaînes de communication. C'est faute d'organisation que non seulement le nord ne sait pas comment on cultive au midi , mais encore que souvent d'un bord d'une rivière à l'autre , l'ordre et les pratiques d'agriculture ont été de tout tems absolument différens , sans que personne se soit jamais avisé de les comparer pour les juger, et reconnoître de quel côté étoit l'avantage.

X I I.

Chaque année en Suisse les bœufs et les vaches sont marqués aux cornes d'une marque imprimée avec un fer rouge , et qui sert à indiquer la commune à laquelle ces animaux appartiennent.

Cette marque qui dérive de l'autorité publique, a plusieurs avantages. Elle sert d'obstacle à ce que les bestiaux puissent être volés , ou du moins donne la facilité de les reconnoître. Dans les épizooties , elle empêche que le bétail des communes infectées ou suspectes , ne puisse être transmis en fraude dans celles où la maladie n'a point pénétré. Elle fournit au gouvernement un moyen prompt de connoître d'une manière très-approximative la quantité de bêtes à cornes existantes sur son territoire, et d'en constater la diminution ou l'accroissement.

J'ai ouï dire à des Suisses très-instruits que cette précaution avoit beaucoup contribué à multiplier les individus, et à conserver la pureté des races.

X I I I.

En France, la dégénération des bêtes à cornes est principalement due à une cause qu'il est bien facile de faire cesser : c'est le peu d'attention qu'on donne au choix des taureaux.

Dans la plus grande partie des départemens, les vaches sont menées au paturage avec des jeunes taureaux de deux ou trois ans. Ces animaux, foibles encore, s'accouplent avec des génisses qui sont bien loin d'avoir acquis toute leur grosseur. De ces accou-

plemens naissent des rejetons petits, impar-
faits, dont la race dégénérera encore par
l'influence de la même cause.

C'est une vérité reconnue que, quoique
la faculté absolue de se reproduire commence avec les premiers symptômes de pu-
berté, cependant elle ne donne des résultats
parfaits que lorsque l'animal est parvenu
à son entier développement ; alors seulement il y a surabondance de vie, et puissance entière de la communiquer.

On peut donc croire que les bœufs en
France répondroient bientôt par leur beauté
à la fertilité du sol qui les nourrit, si les génisses n'étoient présentées à l'accouplement
qu'à un âge déterminé, et si on prenoit pa-
reillement des précautions pour que les taureaux ne pussent servir qu'après avoir atteint leur développement soit en hauteur soit
en grosseur.

L'administration doit d'autant plus soigner
cette branche de prospérité publique, qu'il

-est certain que depuis la révolution il se fait en France une plus grande consommation de viande de boucherie, et que si nous ne la tirons pas de notre propre sol, nous deviendrons tributaires de nos voisins.

X I V.

L'amélioration de la race des chevaux n'est pas un objet moins digne d'attention. Il n'existe plus de grands haras, les beaux étalons sont devenus très-rares, et le nombre des chevaux en France doit être considérablement diminué après une guerre où ce noble animal a constamment partagé les dangers et les fatigues des hommes.

L'ancien gouvernement achetoit des étalons chez l'étranger, et les distribuoit aux particuliers aisés dans les provinces. Cette pratique avoit eu peu de succès par des raisons qu'il est inutile de développer, et sur-tout parce que le dépositaire de l'étalon n'en étant pas le propriétaire, ne le soignoit pas comme sa chose.

Peut-être iroit-on plus directement au but, si le gouvernement consacroit toutes les années une somme d'argent à donner, dans chaque département, un prix d'encouragement et un accessit à ceux qui présenteroient les deux plus beaux poulains, et tous les cinq ans un prix extraordinaire pour celui qui en auroit élevé le plus.

Il me semble évident que celui qui aura le prix en vue, ne craindra pas de faire quelques dépenses pour offrir un bel étalon à ses jumens.

Ce premier effet une fois supposé, les gens aisés se procureront bien vîte de beaux étalons, parce qu'ils les regarderont comme un objet de revenu, et c'est encore ici qu'il faut donner confiance à l'intérêt particulier.

Au surplus, c'est par ce moyen que la race des chevaux anglais se soutient et se perpétue; un bel étalon rapporte quelquefois par année deux ou trois fois son prix d'acquisition, et il en est tel qui rend plus qu'une métairie considérable.

X V.

C'est ici le moment d'appeler la bienveillance publique sur une réunion qui vient de se former à Paris, sous le titre de *société pour l'encouragement de l'industrie nationale*, à l'instar de celle qui existe à Londres.

On a plusieurs fois essayé, sous l'ancien régime, de naturaliser en France cette institution utile; mais des causes qui probablement n'existent plus, se sont constamment opposées au succès des tentatives qu'on a faites.

La société actuelle se présente sous de plus heureux auspices. La liste de ses membres rappelle une foule de noms également chers à la patrie et aux arts, et pour éveiller le zèle de tous les bons citoyens, il suffit de faire connoître le but qu'elle se propose, en

indiquant les sujets des prix qu'elle doit dé
cerner en l'an 11.

Premier prix. *Pour celui qui présentera
des échantillons de filets pour la pêche,
fabriqués au métier, ou par tout autre
moyen qui pourroit en améliorer la con-
fection.*

Deuxième prix. *Pour celui qui aura
trouvé l'art de fabriquer le blanc de plomb
avec une perfection qui satisfasse pleinement aux besoins des arts.*

Troisième prix. *Pour celui qui aura fait
connoître un procédé pour obtenir constamment, et au prix du commerce, le bleu
de Prusse d'une beauté et d'une nuance
égales à celles des qualités les plus recherchées dans les arts.*

Quatrième prix. *Pour le cultivateur français qui aura, au printems prochain, re-
piqué des grains d'automne dans un plus
grand espace de terrain.*

Cinquième prix. *Pour celui qui trouvera*

le moyen de fabriquer des vases de métal revêtus intérieurement d'un vernis ou émail fortement adhérent, non susceptible de se fendre ou de s'écailler, d'entrer en fusion étant exposé à un feu ordinaire, inattaquable par les acides et par les substances grasses, et d'un prix qui ne soit pas supérieur à celui des vases en cuivre dont on se sert dans nos cuisines.

Avec de pareils élémens on peut espérer que l'établissement prospérera, sur-tout si le conseil qui en a l'administration profite des fautes de ceux qui ont précédé, et ne perd jamais de vue :

1°. Que la société sera bien près de sa fin, quand elle commencera à dégénérer en cotterie; qu'ainsi elle doit tendre continuellement à agrandir ses liaisons;

2°. Que le conseil ne doit point se regarder comme la société toute entière, mais s'entourer de ses souscripteurs residans, autant que la nature des choses le permet;

3o. Qu'il doit aussi éveiller l'attention des souscripteurs non résidans , en leur fesant part à des époques fixes des travaux de la société , et des découvertes et améliorations qui sont l'objet de ses travaux ;

4°. Enfin, que l'esprit public ne se forme que par l'instruction , ne s'entretient que par la correspondance , et qu'il périt faute d'alimens quand on néglige de le soutenir.

JUSTICE CIVILE.

X V I.

Déjà les fonctions administratives qui n'étoient autrefois désignées que par des périphrases , sont désignées par des substantifs ; au lieu de *présidens d'administrations municipales* , au lieu d'*administrations de district* et *d'administrations centrales* , nous avons *des maires, des sous-préfets* et *des préfets*.

La langue de la justice appelle une semblable réforme.

On ne peut, dans le discours, distinguer les tribunaux, qu'en y ajoutant la qualification *d'arrondissement*, *d'appel* et de *cassation*.

On est obligé d'employer les mêmes périphrases pour désigner les membres et les décisions de ces différens tribunaux, lesquels portent tous l'appellation commune de *juges* et *jugemens*.

Ce défaut de nomenclature est à chaque instant un motif d'obscurité et d'embarras, et on rendroit un grand service, soit aux gens de loi, soit à ceux qui les lisent ou les entendent, en les débarrassant de cet obstacle.

Déjà on a sous la main, pour les décisions des trois degrés, les mots *sentence*, *jugement* et *arrêt*; il ne seroit sans doute pas difficile de trouver des substantifs correspondants, pour qualifier les tribunaux, et les membres qui les composent.

Cette remarque s'applique à presque

toutes les administrations ; pourquoi par exemple, ne désigneroit-on pas par les noms de *questeurs* et de *sous-questeurs*, les rece- veurs - *généraux* et *particuliers des contri- butions directes?*

Peut-être trouvera-t-on cette observation minutieuse, mais elle peut conduire à des résultats plus étendus. D'ailleurs, il est au moins évident que la réforme proposée, qui ne coûteroit que la façon d'un arrêté réglé- mentaire, produiroit tout à-la-fois, économie de tems dans la rédaction, précision dans le discours, et perfection dans le langage.

X V I I.

Toutes les constitutions ont successive- ment posé le principe, que le pouvoir judi- ciaire doit-être séparé et indépendant du pouvoir administratif, et que cette indépen- dance doit être réciproque ; mais ce principe n'a été mis en action par aucune loi, et la ligne de séparation n'est point encore tracée.

Cependant, le besoin de cette loi se fait chaque jour plus vivement sentir.

Il est impossible qu'elle tarde à paroître ; elle sera sans doute dictée par deux souvenirs également imposans :

Le premier, que les grands corps judiciaires ne sont devenus dangereux, et ne se sont ensuite perdus, que parce qu'ils ont voulu se mêler d'administration ;

Le second, que tout gouvernement où le pouvoir judiciaire n'est pas indépendant, devient tôt ou tard tyrannique, et est entraîné malgré lui, au-delà des limites que lui-même se seroit fixées.

XVIII.

De tous les membres dont la réunion compose l'ordre judiaire proprement dit, il n'y a plus que les juges de paix dont les fonctions soient temporaires.

Ne seroit-il pas à souhaiter que ces magistrats fussent à vie, ou du moins qu'après avoir été choisis par le peuple, ils ne pussent être changés, tous les trois ans, que par le gouvernement? C'est sur eux que pèsent, d'une manière plus sensible, les inconvéniens de la rééligibilité, soit parce qu'ils sont plus près des justiciables, soit parce qu'ils prononcent sur un plus grand nombre de difficultés entre les mêmes personnes, soit enfin à cause de l'exercice des fonctions de police judiciaire, que les circonstances leur font nécessairement déléguer.

Ici doivent se placer plusieurs vérités de fait et d'expérience :

La première, que tout homme qui perd son procès, ou qui est poursuivi criminellement, garde à son juge un sentiment de rancune qui varie depuis la froideur, jusqu'à la haine ;

La seconde, que le nombre des plaideurs est assez limité : ce sont presque toujours les mêmes personnes qui plaident habituellement, soit entr'elles, soit avec d'autres ;

La troisième, que ces plaideurs, gens remuans, actifs et rusés, ont ordinairement beaucoup d'influence sur leurs concitoyens, sur-tout dans les cantons ruraux.

Ce sont là, autant de causes permanentes de foiblesse pour les juges de paix, et d'intrigue pour les justiciables; il seroit bon d'en prévenir les résultats, et toutes les fois qu'on calcule sur une masse d'hommes, il n'est pas permis au législateur de compter pour rien les effets de l'amour propre et de l'intérêt.

X I X.

Quel que soit le parti qu'on prenne à cet égard, il est convenable que le gouvernement ait le droit de nommer des commissaires auprès des justices de paix.

Cette proposition est fondée:

1º. Sur l'importance des tribunaux de paix, d'après leur démarcation actuelle;

2º. Sur l'analogie; car on se demande

pourquoi le gouvernement qui est représenté auprès de tous les tribunaux, et de toutes
les administrations, même auprès de celles
des spectacles, seroit muet dans les justices
de paix ?

3°. Sur l'avantage qui en résulteroit pour
l'administration de la justice, en ce que les
tribunaux de paix auroient par-là, plus de
consistance et de force pour faire le bien;

4°. Enfin sur ce que, depuis la suppression
des commissaires en titre, la police munici-
pale marche presque par - tout avec une
lenteur et un relâchement auxquels il faut
promptement remédier.

X X.

Toute loi sur la propriété doit tendre
essentiellement à la rendre certaine et irré-
vocable. C'est d'après ce principe que je
voudrois voir effacer du nombre des causes
qui peuvent faire annuler les actes, la lésion,
la démence supposée, et la simulation, en

exceptant seulement pour cette dernière, le cas où elle est alléguée par un créancier tiers.

La lésion ne se prouve que par experts; or il est de fait, que sur cent rapports d'experts, il y en a au moins quatre-vingt qui sont influencés par l'adresse, l'intrigue, les sollicitations, et souvent par l'argent.

X X I.

Attaquer un acte, par le motif que celui qui l'a fait n'en étoit pas capable, pour cause de démence, c'est solliciter une loi particulière, dont l'effet est essentiellement rétroactif.

Car, tant qu'un homme a eu son état civil, il a dû jouir de toutes les prérogatives qui y sont attachées; tant que les lois protectrices du pacte social ne lui ont pas retiré leur appui, elles doivent protéger les actes qu'il a fait sous leur empire; et il semble contraire à tous les principes, que ce qui étoit licite au commencement, puisse devenir illicite par des considérations qui ne tiennent qu'à l'intérêt particulier.

D'ailleurs, en mettant de côté les présomptions qu'on ne manque pas de faire valoir de part et d'autre, la preuve de la démence ne peut jamais se faire que par témoins : les dangers de cette preuve sont malheureusement si connus , qu'il n'est pas nécessaire d'y insister.

L'acte doit donc prévaloir, et de même que celui qui, en cas de prêt d'une somme au-dessus de cent francs, n'a pas eu soin de se procurer une reconnoissance écrite, ne peut pas se plaindre de ce que la voie testimoniale lui est fermée ; de même ceux qui ont intérêt à alléguer la démence, doivent s'imputer la faute de n'avoir pas pris les précautions indiquées par la loi, pour empêcher le prétendu fou de disposer.

X X I I.

La simulation a l'inconvénient de n'être

sujette à aucune règle certaine, et de n'avoir aucun élément fixe, de manière, que tel peut voir un acte simulé et illicite, là, où un autre ne voit qu'une transaction sérieuse et permise. Aussi arrive-t-il presque toujours que les juges d'arrondissement, à qui les circonstances sont plus particulièrement connues, jugent d'une façon; que les juges d'appel se décident autrement; et quand il existeroit dix tribunaux tous supérieurs les uns aux autres, ils pourroient juger alternativement en sens contraire, et juger également bien; parce qu'avec des *brocards* de droit, qui ne sont pas des lois, des arrêts qui ont jugé pour et contre, et des considérations dont on fait tout ce qu'on veut, cette espèce de probabilité, dont en pareil cas on est forcé de se contenter, peut se montrer également de deux côtés opposés.

Sans doute, lorsque la simulation peut nuire à un créancier, elle est une véritable friponerie, et il faut bien que la loi l'atteigne; mais hors ce cas qui est circonscrit, et que la loi peut déterminer précisément , quand un acte est en bonne forme , il faut qu'il soit exécuté.

Je sais bien que dans ce système, quelques intérêts particuliers pourront être froissés ; mais l'intérêt public y gagnera, les procès diminueront, les fortunes seront moins bouleversées, et l'administration de la justice sera plus uniforme et plus irréprochable, parce que le champ de l'arbitraire sera plus resserré.

L'expérience a appris que les procès en lésion, simulation et imputation de démence, donnent lieu à plus de friponeries qu'ils n'en démasquent.

Dans les procès ordinaires, on donne sa confiance à un homme d'affaires, habile et honnête; dans ceux dont je viens de parler, on veut sur-tout qu'il soit actif et adroit ; or, on sait ce qu'on entend en affaires par un homme adroit.

5

JUSTICE CRIMINELLE.

X X I I I.

Tous ceux qui ont observé la marche de la justice criminelle en France, desirent depuis long-tems qu'il y ait une nuance dans la manière de prononcer l'acquittement d'après la déclaration du jury.

Cet acquittement se prononce quand le fait du délit n'est pas constant, quand l'accusé n'a pas été convaincu, ou que son intention n'a pas été criminelle. L'accusé ainsi acquitté est mis en liberté, et a le droit de poursuivre son accusateur.

Il s'en faut cependant beaucoup qu'en tous ces cas, sa moralité soit la même. Par exemple, il y a une différence énorme entre celui qui est renvoyé parce que le fait du délit n'est pas certain, et celui qui étant convaincu du fait, n'est renvoyé que sur l'intention toujours équivoque; et encore entre celui qui s'est pleinement disculpé aux

yeux du jury, et celui sur la tête duquel,
tout compensé, il reste encore une somme
considérable d'indices et de soupçons.

L'intérêt social réclame une 'différence.
Elle résultera de la faculté qu'on donneroit
aux tribunaux de prononcer par acquit
simple, ou par acquit honorable : ce dernier
seul autoriseroit le recours contre le dénon-
ciateur. On retrouveroit ainsi ce qu'on appeloit autrefois mise hors de cour, et renvoi
d'accusation.

Je sais bien qu'on peut m'objecter, comme
on a fait souvent, qu'il n'y a point de milieu
entre le vrai et le faux, et qu'un homme
ne peut être qu'innocent ou coupable.

Je n'examinerai point si cette proposition
étoit vraie, même dans l'ancien ordre des
choses. Mais en supposant que le raisonnement qu'on en tiroit pût être concluant,
lorsque pour la conviction on exigeoit une
quantité de preuves presque physiquement
déterminées sur le nombre des témoins, il

est au moins vrai de dire qu'il porte à faux lorsqu'on l'applique à la conviction cons-cientielle du jury.

Il est effectivement démontré pour tous ceux qui savent analyser leurs jugemens, que le *verdict* du jury se compose presque toujours d'élémens divers et susceptibles *de plus* ou *de moins*, tels que

Les indices,

Les présomptions,

Les preuves positives,

Et la moralité de l'accusé.

Il est également vrai que ces élémens sont encore modifiés les uns par les autres. Ainsi la preuve directe se fortifie par les indices, et tous deux par les présomptions. Ainsi les présomptions elles - mêmes acquièrent plus ou moins d'importance par la connois-sance de la moralité de l'accusé.

Bien plus, ces différentes espèces de preuves n'entrent presque jamais ni en même ordre, ni en somme égale dans la détermination qui fait choisir au juré la boule noire ou blanche; et je suis persuadé qu'il n'est pas d'homme instruit qui, en supposant le nombre déterminant égal à mille, ne pût exprimer arithmétiquement la puissance de chacun des élémens de son opinion.

Eclaircissons ceci par un exemple. Jean a été assommé à coups de bâton. Un premier témoin a vu commettre le meurtre par un homme habillé de vert, qu'il n'a pu reconnoître à cause de l'éloignement. A-peu-près à l'heure, et vers l'endroit où le meurtre a été commis, un second témoin a rencontré Pierre; il étoit vêtu de vert et avoit un bâton à la main. Pierre avoit eu la veille une querelle grave avec Jean; Pierre a déjà été condamné aux fers.

En conservant le nombre mille comme nombre déterminant, et en supposant la condamnation, on pourroit exprimer ainsi l'ordre et la quotité des élémens de l'opinion d'un juré.

Premier témoin . . . Preuve directe. 200

Deuxième témoin . . Indice. 15o

Querelle . . . . Présomptions. 15o

Moralité. 4oo

Total. 1,000

Si au contraire Pierre étoit un homme irréprochable, et n'avoit jamais eu rien de commun avec Jean, l'absolution s'exprimeroit ainsi :

Moralité. 1,000

Preuve directe. . . . . o

Indices. . . . . o

Présomptions. . . . . o

Total. 1,000

Si, après avoir ainsi analysé l'opinion individuelle de chaque juré, nous examinons la réponse du jury qui se forme par le résultat des douze votes, nous y trouverons le plus et le moins marqués d'une manière bien plus tranchante ; car il n'est personne qui, dans son estime, puisse mettre sur la même ligne l'homme acquitté dans le premier quart-d'heure par le suffrage unanime du jury , et celui qui n'a été acquitté que par la majorité simple , et après un débat de vingt-quatre heures.

Dans ce cas, et dans une foule d'autres que les tribunaux sauront bien reconnoître, on aura pour la sûreté individuelle les égards qui lui sont dûs, en ne prononçant la peine que dans des circonstances rigoureusement déterminées; mais en même-tems la société entière aura à se plaindre , tant qu'il n'existera pas un moyen de lui désigner comme suspect l'homme contre lequel la conviction du crime aura presque été entièrement formée.

Au reste, il faut bien qu'on sache que la seule force des choses a déjà introduit dans l'usage une partie de ce qui est ici proposé. Il arrive souvent que, lorsqu'un accusé est acquitté dans les circonstances que je viens d'indiquer , le président du tribunal criminel ne laisse pas de lui faire une réprimande publique.

Cette pratique, qui a pris naissance dans des intentions louables, est, dans le fait, une aggravation de peine, et un excès de pouvoir. Quoique les assistans n'aient jamais donné, à ce sujet, aucune marque d'improbation, il n'en faut pas moins que la loi vienne sanctionner l'usage, et investir les juges d'un droit qui est bon en soi, mais dont il ne convient pas qu'ils usent, sans y être autorisés.

XXIV.

Je ne connois rien d'aussi scandaleux que la manière dont se fait à Paris, et dans plusieurs départemens, l'exposition des condamnés.

On attend qu'ils soient en grand nombre, pour les confondre sur le même échafaud. Un écriteau, le plus souvent illisible, mais qu'à coup sûr personne ne lit, est censé

(73)

annoncer leurs crimes. Pendant tout le tems
de l'exposition, ils causent tranquillement,
soit entr'eux, soit avec la foule qui les envi-
ronne ; de sorte qu'on ne doit point être
étonné si ce spectacle ne laisse après lui
aucune impression sérieuse.

Ce n'est pas ainsi que doit s'exécuter une
loi pénale.

Qu'on abrège par humanité, s'il le faut,
le tems de l'exposition, mais que tout individu exposé soit debout et tête nue ; qu'il
soit isolé ; qu'il soit forcé au silence ; que
l'exécuteur proclame, à plusieurs reprises,
le délit et le jugement, et que tout annonce
au public que là commence l'expiation d'un
crime.

X X V.

Toute violence envers un individu, est,
en même-tems, une attaque envers la société. C'est sur ce principe qu'est fondée
une loi anglaise, qui manque à notre code
de police correctionnelle.

Suivant cette loi, celui qui dans une rixe frappe le premier, est condamné en une amende spéciale, parce qu'il a troublé le repos public. *(For the breach of peace.)* L'agresseur n'en est dispensé, ni quand il a été provoqué par des injures, ni quand, en définitif, il a été battu.

Cette loi a produit son effet à la longue ; et les querelles qui en France finissent presque toujours par des coups, s'arrêtent, le plus souvent en Angleterre, à de simples injures.

X X V I.

La police intérieure des prisons n'est encore organisée par aucun réglement général.

Les principaux abus que ce réglement devra empêcher ou prévoir, sont :

Les exactions que se permettent les geoliers et leurs subalternes, soit pour laisser faire ce que la loi défend, soit même pour ne pas empêcher ce qu'elle permet ;

Les orgies que peuvent y célébrer les dé-tenus qui ont de l'argent, et qui métamor-phosent souvent les prisons en tavernes ;

Les chants et les cris, de la part des pri-sonniers, qui les rendent un fléau pour tous les habitans du voisinage ;

Et sur-tout ces conciliabules, où les pré-venus, après s'être fait part de tous les moyens pour commettre le crime, sondent ensemble toutes les routes qui peuvent con-duire à l'impunité, tellement qu'il est pres-qu'impossible que celui que la loi n'atteindra pas pour cette fois, ne rentre pas dans la société beaucoup plus méchant qu'il n'étoit auparavant.

On examinera en même-tems quelle est la portion de cette police qui doit rester à l'administration, et quelle est celle que la nature des choses doit faire déléguer au pouvoir judiciaire.

XXVII.

Le régime de la maison de détention de Philadelphie, est ce qui a jusqu'ici le plus approché de la perfection : les Anglais eux-mêmes ont déjà commencé à se conformer à ce modèle.

Elle est inspectée tour-à-tour par six notables citoyens, auxquels la loi délègue un pouvoir assez étendu.

La place de gardien n'est jamais donnée qu'à un homme d'une moralité connue; son traitement doit lui suffire, et il lui est défendu de faire aucune espèce de trafic avec les détenus. Ceux-ci sont forcés à travailler; le prix de leur travail se divise en trois parts, dont une pour les dépenses de la maison, une pour leur subsistance, une pour un fond de réserve, qui leur est remis à leur sortie. Ils ne peuvent ni chanter, ni parler à haute voix, ni même converser ensemble d'une manière trop suivie. Chaque semaine

un ministre vient leur expliquer les principes de morale qui doivent conduire l'homme
en société. Le régime diététique est le même
pour tous, et toute espèce de liqueur forte en
est sévèrement bannie.

L'expérience, fondée sur des calculs très-
détaillés, a fait connoître le prix de ces
mesures.

Tous ceux qui gouvernent, ne doivent
jamais perdre de vue, que, de tous les
moyens d'améliorer les hommes, il n'en est
point de plus sûr que l'habitude du travail.

X X V I I I.

Depuis la révolution on a beaucoup abusé
du mot *escroquerie*, et de l'action qui naît
de ce délit.

On a usé de cette action dans beaucoup
de cas, où il n'étoit question que de mau-
vais marchés, de fausses spéculations, de
dettes justement contestées, et quelquefois
simplement de comptes à faire.

Il est arrivé delà que la preuve testimoniale a acquis par ce détour un pouvoir que la loi lui refuse, et que beaucoup d'actions purement civiles ont été entraînées dans la ligne criminelle, soit parce que les tribunaux ont toujours une certaine répugnance à se dépouiller, soit parce que les parties elles-mêmes craignent la défaveur qui suit un déclinatoire rejetté.

La révision du code criminel fera sans doute disparoître cet abus; mais comme le moment de cette opération est encore éloigné, on préviendroit beaucoup de maux particuliers, par une loi qui définiroit avec précision ce qu'on entend par *escroquerie*, et enjoindroit aux tribunaux correctionnels de renvoyer, dans tous les cas où l'application de cette loi ne seroit pas évidente.

A R M É E.

X X I X.

Pendant la guerre qui vient de finir, les

hospices de vétérans se sont remplis et multipliés. J'ai pu en connoître l'intérieur, et je pense que ces établissemens sont susceptibles d'améliorations vraiment importantes.

Le premier but qu'on doit se proposer est d'abord d'y établir une discipline exacte.

L'insubordination qu'on peut remarquer parmi les vétérans, tient à trois causes que je vais indiquer.

Dans l'état ordinaire, et après une longue paix, les hospices de vétérans ne sont peuplés que de soldats vieillis à-la-fois et usés par le métier des armes ; l'habitude les a formés à l'obéissance, et ne voyant plus entr'eux et le tombeau qu'un petit nombre d'années à parcourir, ils s'y laissent couler en paix par résignation ou par insouciance.

Maintenant il n'en est pas de même. La fleur de la jeunesse française a combattu pour la liberté ; les chances de la guerre ont rendu invalides des jeunes gens qui, quoique mutilés partiellement, n'en sont pas moins pleins de vigueur et de santé. La surabondance de vie naturelle à cet âge n'étant appliquée à rien, s'évapore en actes d'indiscipline, et ces actes sont d'autant plus fréquens, qu'il est certain en physiologie que la perte d'un membre mutilé augmente la vitalité relative des organes qui restent.

Une seconde cause résulte évidemment du petit nombre de supérieurs reconnus par les vétérans.

On sait que l'autorité la plus redoutable se perd bientôt, lorsque, semblable à l'électricité, elle n'est pas propagée par des conducteurs jusqu'aux extrémités des corps qu'elle doit mouvoir. Ainsi, quand il se commet une faute dans un hospice de vétérans, il est rare que l'auteur en soit connu, à défaut de supérieurs médiats entre le soldat qui désobéit et l'officier qui doit punir. Par la même raison les ordres les plus stricts, les pratiques les plus utiles ne reçoivent

qu'une exécution négligée et toujours tem-
poraire.

A ces deux causes que tout le monde peut
apprécier, ajoutons-en une troisième qui,
quoique plus cachée, n'est pas moins puis-
sante.

Examinons l'état du vétéran retiré à l'hospice, et nous verrons si l'apathie la plus
absolue ne doit pas en être le résultat. Car
quel attrait peut l'inviter à vaincre ses incli-
nations, quand son sort paroît fixé sans
espoir d'amélioration? Qu'exiger de celui
qui se regarde comme descendu vivant dans
le tombeau? Et le gouvernement ne perd-il
pas la plus belle moitié de ses attributions,
quand, en gardant le droit de punir, il ne
s'est pas réservé celui de récompenser!

Une seule et même mesure peut parer à
tout. Il ne s'agit que d'organiser en compa-
gnies et en pelotons tous les vétérans des
hospices, que la nature de leurs infirmités
ne retient pas habituellement au lit.

Ce moyen une fois adopté, le résultat n'en paroît pas douteux. La renaissance de la hiérarchie militaire ramènera la subordination; l'émulation renaîtra avec l'espérance de parvenir, et, ce qui n'est pas à dédaigner, ces bons effets seront obtenus au moyen d'une machine dont tout soldat connoît la puissance et les rapports.

X X X.

Ce ne sera pas tout d'avoir ramené la discipline parmi les vétérans; le gouvernement leur doit encore du travail.

Quand la plupart d'entr'eux jouissent d'une bonne santé, quand tous les arts demandent des agens, quand leurs pratiques nombreuses et variées peuvent occuper et rendre utile tout homme qui se porte bien, quelle que soit sa manière d'être, pourquoi laisser le vétéran en proie à tous les maux de l'oisiveté? Pourquoi ne pas lui procurer tout-à-la-fois et une ressource contre l'ennui, et un moyen d'augmenter son aisance ?

A cette proposition, quelque naturelle qu'elle soit, on objectera peut-être que la patrie a une dette à acquitter envers les vétérans, et qu'il est juste que celui qui a été la victime de son dévouement, puisse finir ses jours dans un honorable repos.

Mais je pense qu'un travail modéré n'exclud point l'idée du repos ; que le repos vraiment honorable est celui où l'homme se rend utile à la société autant que ses facultés le permettent ; que la patrie aura payé sa dette, non pas en nourrissant les vétérans dans une oisiveté qui tend toujours à devenir crapuleuse, mais en leur assurant une existence telle que, dans aucun cas, ils ne puissent être exposés à l'indigence ou au besoin.

Et remarquons bien qu'en supposant même que le travail des vétérans fût tout entier appliqué à augmenter leur bien-être, l'état y gagneroit encore beaucoup, parce que

toute augmentation de travail augmente dans
la même proportion les moyens de prospérité nationale.

Il existe en France plus d'un million d'individus qui n'ayant rien, ne font cependant
rien. Leurs bras appliqués au travail aug-
menteroient annuellement de plus de cent
millions la matière commerçable, et du
double au moins les produits du commerce.

X X X I.

Depuis l'établissement de l'hôtel des invalides, les officiers avoient été nourris d'une
manière distinguée de celle des soldats. Dans
le tems où on se laissoit égarer par les no-
tions d'une égalité mal entendue, l'ordinaire
devint le même pour tous; cela est ainsi encore aujourd'hui, et l'heure seule des repas
est différente.

Cet ordre, directement contraire à toute
idée de justice, ne doit pas résister au premier examen; car puisqu'il est vrai que peu-

dant qu'ils étoient en activité de service, les officiers se procuroient une aisance bien au-dessus de celle des soldats, il semble évident qu'en les réduisant tous au même régime, ce qui peut paroître aux uns un état d'abondance par comparaison avec leur existence passée, peut être pour les autres un état de misère relative, que sa durée prévue doit rendre insupportable.

X X X I I.

La paix glorieuse que vient de conclure la France, lui permet de licencier en ce moment une partie de ses troupes, et déjà les mesures sont prises à cet égard. Cependant l'étendue de nos frontières, l'état militaire des puissances environnantes, et les conseils d'une politique bien entendue exigent non seulement que la république conserve en tout tems une armée nombreuse, mais elle doit encore prendre des mesures propres à l'augmenter avec promptitude, si de nouveaux évènemens le demandoient.

Peut-être sera-t-il bien de revoir à cet effet le projet présenté à l'assemblée constituante en 1791, par le citoyen Emmery, aujourd'hui conseiller d'état, pour la formation d'une armée auxiliaire.

Les soldats de cette armée restent dans leurs foyers où ils reçoivent une solde convenable ; ils sont exercés à des époques déterminées par leurs officiers, inspectés par des généraux de la ligne, et au premier signal cette armée intérieure se rassemble, soit pour remplir les cadres, soit pour se porter par-tout où les besoins de l'état l'appellent.

Je n'approfondis point maintenant ce projet qui reçut dans le tems l'approbation de tous les militaires, et que les circonstances seules empêchèrent de mettre à exécution ; j'indiquerai seulement quelques-uns de ses avantages indirects.

On utiliseroit dès à présent un grand

nombre d'officiers réformés, qu'il ne faudra
pas moins payer. On économiseroit les frais
de marche des troupes reglées, parce qu'on
auroit recours aux troupes auxiliaires dans
tous les cas d'un besoin local et momentané. On entretiendroit l'esprit militaire,
qu'il ne faut point laisser éteindre dans un
pays que les autres nations verront encore
long-tems avec un œil de jalousie. Enfin, ces
soldats ayant été payés pendant la paix, ne
trouveroient en cas de guerre et de désertion
à l'intérieur, aucune faveur auprès de leurs
concitoyens, et on sait que les asiles ac-
cordés par la pitié ont été un des plus grands
obstacles au rassemblement des conscrits.

X X X I I I.

On s'est occupé tant et si souvent des
moyens d'utiliser les troupes en tems de
paix, qu'il reste peu de chose à dire à ce
sujet. Cependant, sans rappeler en ce moment des projets que le tems seul peut mû-

rir, le gouvernement ne pourroit-il pas vouloir dès à présent que tout soldat sût lire et écrire ?

Cet ordre ne seroit ni indifférent pour le bien du service qu'il éclaireroit en beaucoup de circonstances, ni inutile aux individus dont plusieurs ne restent dans les rangs que par le défaut d'instruction, qui chez eux est un obstacle à leur avancement. Il offriroit sur-tout de grandes ressources aux militaires retirés, parce qu'il leur donneroit l'aptitude à être employés dans la garde des forêts, dans les douanes, aux barrières ; et l'état y gagneroit, en ce que le nombre des vétérans à sa charge seroit diminué d'autant.

X X X I V.

La manière dont s'enlèvent à l'armée les blessés au moment de l'action, occasionne souvent bien du désordre dans les rangs. Quand un soldat tombe, deux ou trois, et quelquefois cinq ou six de ses camarades se joignent pour le mettre sur leurs fusils et le porter loin du danger.

Outre que les blessés sont ainsi transportés d'une manière douloureuse et peu commode, cet acte d'humanité sert souvent de prétexte aux poltrons.

La chose se feroit plus régulièrement, si on attachoit à chaque bataillon une certaine quantité de sous-officiers de santé, qui munis des moyens convenables n'auroient d'autre emploi que de relever les blessés, étancher leur sang, et les transporter dans les lieux où la chirurgie volante ou sédentaire leur administreroit les secours de l'art proprement dits.

Qui sait si cette institution conservatrice n'entreroit pas, à l'avenir, pour quelque chose dans les exploits des phalanges françaises ? La certitude de n'être pas abandonné est un grand motif d'assurance, et tel brave fait gaîment le sacrifice de sa vie, qui supporte impatiemment la douleur, et qu'on verroit frémir à la seule idée de finir lentement ses jours dans les angoisses et le dénuement.

X X X V.

Les soldats russes ont entr'eux une espèce de masse volontaire qu'ils nomment *artel*, et qui se compose de certains fonds que chaque associé à l'artel y verse dans des circonstances et dans des proportions déterminées. Ils ont recours aux fonds de l'artel pour satisfaire, dans les cas extraordinaires, à des besoins auxquels le gouvernement russe ne pourvoit pas, tels que l'eau-de-vie, un peu de viande, des moyens de transport, et autres semblables.

Cette institution pourroit être transportée dans les bataillons français, avec les modifications commandées par la différence du gouvernement.

La masse se composeroit d'une petite contribution imposée à chaque soldat arrivant au corps, et d'une retenue imperceptible, comme d'une centime par jour. Elle s'accroîtroit de la portion de ceux qui mourroient, des dons qu'elle pourroit recevoir, et d'une taxe qui seroit mise sur ceux qui obtiendroient la permission de se retirer avant le tems déterminé par la loi, ou qui se feroient représenter par un remplaçant. Le tems du service expiré, on feroit le décompte à chaque soldat, et il remporteroit dans ses foyers la portion de sa masse.

L'artel, ainsi modifié, produiroit deux effets également desirables; il attacheroit le soldat à ses drapeaux, par l'appât d'une portion toujours croissante dans la masse; et cet argent, délivré au moment où il rentreroit dans la société, feroit face à ses premiers besoins, et, dans beaucoup de cas, faciliteroit son établissement.

Chaque bataillon ou chaque demi-brigade auroit l'administration particulière de son artel ; mais la caisse générale pourroit être à Paris, où elle formeroit un établissement d'une importance majeure.

Je renvoie à d'autres, ou à d'autres tems, le développement et la généralisation de cette idée, qui seule demanderoit un volume. Je me contente de remarquer qu'il seroit parfait, le gouvernement qui s'établiroit la providence des gouvernés, et leur ménageroit des secours pour les besoins prévus dans toutes les grandes époques de la vie.

FINANCES.

XXXVI.

Il y a long-tems qu'on dit qu'il faut mettre de l'ordre dans les finances ; mais ce vœu, mille fois répété, ceux qui s'y connoissent un peu, n'ont jamais pu espérer de le voir exaucé avant la paix.

En effet, la guerre mettant toujours plus ou moins un état en danger, augmente à-la-fois les dépenses, et tarit plusieurs sources de recette. Bien plus, les dépenses occasionnées par la guerre ne sont pas seulement forcées, elles ont encore un caractère particulier, en ce que leur intensité dépend d'évènemens tellement incertains, qu'on ne peut guères en calculer le montant, même par approximation.

Delà, les déficits, les suspensions de paiement, les arriérés, et toutes les mesures inventées par la nécessité, qui font que, pour jouir du présent, on rend l'avenir toujours plus difficile.

Si ces traits caractérisent le régime financier de tous les peuples en guerre, combien ne doivent-ils pas avoir été plus marqués pour nous dans cette lutte de dix ans, où chaque campagne pouvoit être suivie des derniers malheurs, et où la France combattant à-la-fois et l'Europe et l'Asie, eût peut-être perdu jusqu'à son nom, si la valeur unie à la sagesse ne lui avoit assuré la victoire et la paix !

Pendant ce long espace de tems , le salut du peuple étant la loi suprême, le ministre le plus habile n'a pu avoir pour but que d'élever les recettes à la hauteur des dépenses.

Pendant la paix, au contraire, il est possible d'opérer le bien par deux mouvemens combinés ; car en même-tems que les recettes s'augmentent presque d'elles - mêmes par l'amélioration et l'accroissement de tous les genres de productions , on peut, et on doit aussi diminuer les dépenses par les suppressions que les circonstances indiquent, par des réductions bien entendues, et par tous les moyens enfin qui , s'éloignant de la mesquinerie, qui ne convient jamais à un grand peuple , annoncent cependant une sage économie, mère de la confiance.

Alors, et alors seulement, on peut appliquer aux finances de la plus grande nation, presque toutes les maximes qui conviennent au gouvernement d'une famille un peu nombreuse.

Une de ces maximes, est que tout homme qui veut faire ses affaires avec avantage, doit avoir en avance une partie de son revenu.

Il y a des siècles que le gouvernement de la France est en contradiction avec ce principe.

Tous les calculs qui ont été faits, à l'avance, sur les revenus publics, ont toujours été bien au-delà de leur produit réel. Comme l'impôt a été constamment assis d'après ces calculs, et qu'on n'a jamais imposé qu'une somme arithmétiquement égale aux besoins présumés, nous nous sommes trouvés dans l'état d'un riche malaisé, forcé de vivre sur ses capitaux ; alors même qu'on se croyoit le plus dans l'aisance, on a toujours éprouvé, pour le passage d'un exercice à l'autre, une sorte de gêne, dont tous les services se sont également ressentis.

Pour y remédier, ne seroit-il pas bon de créer un fonds d'avance, qui, imposé une fois, et confié à une caisse particulière, serviroit à faire face au déficit, ou au retard des recettes?

Ce fonds d'avance représenteroit un capitaliste, auquel le gouvernement auroit recours au besoin, et qu'il rembourseroit lorsque les fonds attendus seroient rentrés par les moyens ordinaires. Ainsi, par exemple, l'an 10 pourroit être débiteur au fonds d'avance de plusieurs millions, qui, rentrant à leur tour, seroient restitués à fur et mesure dans le courant de l'année, pour rendre le même service à l'an onze, et ainsi de suite.

Il est bien entendu que ce fonds d'avance pourroit être représenté par des valeurs telles qu'il ne ralentiroit en aucune manière la circulation des espèces.

On assureroit par ce moyen la régularité des paiemens; on faciliteroit la rentrée de l'impôt; on seroit certain de ne faire que des marchés avantageux, et le gouvernement auroit enfin un crédit véritable; car le crédit d'un gouvernement n'est autre chose que l'égalité présumée entre ses dépenses et ses recettes.

X X X V I I.

Le systême général des finances de la France seroit sensiblement amélioré, si les impôts indirects y entroient en proportion beaucoup plus forte.

Le grand procès des économistes a enfin été jugé par l'expérience des dernières années de la révolution, et on ne peut maintenant soutenir de bonne foi qu'on eût fait face, sans impôts indirects, aux charges que la France a supportées depuis l'an 4.

Ce n'est pas que la doctrine des économistes rigoureux ne soit théoriquement vraie, et qu'il ne fût facile de prouver à l'esprit que toute richesse vient de la terre, et qu'ainsi, en imposant la terre, l'impôt devroit se répartir de lui-même sur tout ce qui est imposable; mais ce système, quoique fondé sur la nature physique, ne s'applique point à la vie sociale.

Car il faudroit supposer que chaque redevable de l'impôt peut convertir à volonté ses productions en argent, lorsque le moment de payer est venu, ou que s'il les a converties d'avance, il a mis cet argent en réserve. Or l'expérience repousse également ces deux hypothèses.

Il est de la nature des produits territoriaux de ne pouvoir être vendus qu'à certaines époques de l'année. Ces époques ne sont point les mêmes que celles du paiement de l'impôt. Dans la plus grande partie des localités il faut, pour vendre convenablement, attendre des occasions favorables, et il n'est pas rare de voir des propriétaires dont la bourse est vide, quoique leurs caves et leurs greniers soient pleins. Ainsi, sous ce premier point de vue, le moment de payer est presque toujours arrivé, que l'argent est encore attendu.

Si cependant les produits territoriaux ont été vendus long-tems avant l'époque où ce paiement de l'impôt est arrivé, il faut supposer encore que le contribuable aura eu assez d'économie pour garder son argent jusqu'à la demande du fisc. Mais dans l'intervalle il se sera présenté une foule d'occasions de dépenser ce même argent, et l'expérience apprend qu'il est rare qu'on y résiste.

Nous ressemblons tous plus ou moins à ces Indiens qui le matin vendent leurs lits, sans s'embarrasser s'ils en auront besoin le soir, et ce n'est peut être pas un paradoxe d'avancer que si le gouvernement fesoit présent à chaque contribuable d'une somme quelconque, à condition d'en rendre la moitié au bout d'un an, cette rentrée ne se feroit pas sans employer à tout moment la force des contraintes.

Les économistes supposent que tous les produits ruraux, et le bled sur-tout, peuvent suivre la progression de l'impôt. Ils se trompent relativement aux objets de nécessité secondaire, tels que le vin, le foin, les loyers et autres, parce que chacun retranche sur sa consommation lorsque le prix passe une certaine proportion ; ils se trompent encore plus à l'égard du bled, parce que cette denrée de nécessité absolue ne s'élève jamais à un taux extraordinaire, sans mettre en danger celui qui en est le possesseur, et quelquefois le gouvernement lui-même.

Enfin, un inconvénient majeur du système d'imposition réelle, c'est qu'il établit une lutte perpétuelle entre le propriétaire et le consommateur ou l'homme à argent, laquelle est toute au désavantage du premier, parce que chez les peuples civilisés l'argent est le plus précieux de tous les biens commerciaux. Effectivement le bled ne sert qu'à la nourriture, le vin qu'à la boisson, les maisons qu'au logement, etc., etc., tandis que l'argent représente implicitement tous ces divers objets, et à volonté celui dont on a le plus besoin.

D'ailleurs l'impôt réel et direct produit l'effet inévitable de déprécier les immeubles. Les capitalistes déjà rendus difficiles par l'intérêt avantageux qu'ils tirent de leur argent, en le laissant dans la circulation mobiliaire, ne voient jamais sans répugnance la cote réelle à laquelle les biens-fonds les assujétissent, parce que c'est un fardeau inflexible et qui reste toujours le même, quelque variation en moins que le revenu de l'immeuble imposé puisse subir par les accidens ordinaires auxquels cette espèce de propriété est sujette.

L'impôt indirect ne produit pas à beaucoup près le même effet, d'abord parce

qu'on le paie sans s'en appercevoir; en second lieu, parce qu'étant établi sur la dépense, il suppose plus nécessairement une
recette réelle que la propriété elle-même ;
en troisième lieu, parce qu'étant susceptible
de plus et de moins, suivant la volonté du
contribuable, le paiement qu'on en fait a
quelque chose de volontaire qui en allège
beaucoup le poids.

L'octroi de Paris rend plus de douze millions; cependant il se perçoit avec facilité,
et depuis qu'il est établi la valeur vénale des
maisons a presque doublé. La manière dont
l'impôt direct se paie dans la même ville,
ne donne-t-elle pas droit de penser qu'on
auroit obtenu des résultats absolument opposés, si la même somme eût été imposée
sur les loyers.

Et si on objectoit que les impôts indirects
ont l'inconvénient de donner lieu à de grands
frais de perception, je répondrois que les
contributions directes pour la rentrée des-

quelles on est obligé d'employer une armée
de garnisaires, des millions de commande-
mens et de saisies, occasionnent plus de
frais, et font verser plus de larmes que tous
les impôts indirects ensemble, que ceux
même qui, au premier apperçu, paroissent
les plus onéreux.

X X X V I I I.

La taxe sur la chasse, est en Angleterre
une branche considérable de revenu public.
Pourquoi la France ne saisiroit-elle pas aussi
cette ressource?

Sous quelque rapport qu'on l'envisage, la
chasse ne peut être maintenant regardée que
comme un objet de luxe, et on doit avoir
d'autant moins de répugnance à la taxer,
que son exercice ne donne lieu à aucune industrie productive, et qu'il est tout au plus
le passe-tems des gens aisés.

Ne pourroit-on pas même, en adoptant les
modifications qu'exige le respect dû aux

propriétés et aux récoltes, affermer chaque année la chasse dans des arrondissemens qui seroient déterminés, et créer ainsi un nouveau revenu qui, levé sur une nature de bien fugitive et incertaine, soulageroit d'autant les propriétés réelles?

X X X I X.

En Espagne, tout homme qui bâtit une maison, doit au roi un impôt égal au revenu du premier étage.

Cet impôt pourroit être transporté en France, et perçu par l'administration de l'enregistrement.

On ne feroit en cela que justice; car s'il est vrai que celui qui achète une maison toute faite, paie un impôt de quatre pour cent de la valeur de son acquisition, pourquoi celui qui en fait bâtir une, seroit-il exempt de cet impôt, déduction faite toutefois, de la valeur du terrain sur lequel la maison seroit assise; puisque dans la réalité, faire bâtir une maison n'est autre chose qu'acheter une maison en détail.

X L.

On a établi un impôt sur les cartes : cet impôt ne rend rien ou presque rien.

Ce n'est pas qu'on ne fasse un usage fréquent et général des cartes ; mais on s'est opiniâtré à suivre l'ancienne méthode, et à ne timbrer les sixains que sur l'enveloppe, de manière que cette enveloppe une fois déchirée, il est impossible de reconnoître la fraude.

Il arrive delà, que les fabrications clandestines fournissent presqu'entièrement à la consommation des particuliers, et que l'impôt n'est perçu que sur les cartes dont on se sert dans les maisons de jeu, qui sont plus spécialement sujettes à la surveillance de la police.

Les Anglais font autrement, et font mieux ; dans chaque jeu le timbre est mis sur l'as de pique ; de sorte qu'aussi long-tems que les cartes sont d'usage, on peut savoir si elles ont payé le droit.

Ce mode de perception a aussi sa base dans l'esprit public de la nation, et ce seroit faire une injure à une société, que de lui présenter des cartes qui auroient échappé à l'impôt. Espérons que chez nous aussi, le même effet sera produit par la même cause.

Il n'entre point dans mon but, de passer en revue, ni toutes les améliorations dont nos impôts indirects sont susceptibles, ni les innovations qu'on pourroit y faire ; il me suffit d'avoir posé les bases, et examiné la question principale ; les détails seroient ici inutiles, et tout le monde sait bien que si le gouvernement a une fois manifesté sa volonté, les projets ne lui manqueront pas, et qu'il ne sera bientôt embarrassé que pour choisir.

X L I.

Nous croyons donc que dans les circonstances où nous nous trouvons, il n'est point
difficile de combiner nos ressources de manière, que non-seulement elles soient au
niveau, mais encore au-dessus de nos dépenses : déjà même nous pouvons prévoir
qu'il se fera à cette époque deux mouvemens
également avantageux.

Le premier, sera une diminution de prix
dans les achats pour le service public; car
plus l'entreprise est considérable et le paiement sûr, plus l'entrepreneur est modéré
dans le bénéfice qu'il exige.

Le second, donnera au gouvernement la
facilité de choisir ses fournisseurs parmi
les capitalistes les plus puissans. En effet,
comme ses besoins sont toujours d'une importance majeure, il attirera nécessairement à lui tous ceux qui, par goût ou par
la nature de leurs affaires, ne veulent pas

consacrer leurs fonds au commerce extérieur.

Alors aussi on pourra se conduire en
finance , par cette autre règle d'économie :
bien marchander et bien payer.

Si pendant la guerre le gouvernement n'a
fait que des marchés onéreux , c'est que tous
ceux qui les ont souscrits ont fait entrer
dans la composition du prix , le danger qu'ils
couroient de n'être pas payés. La plupart y
étoient d'autant plus autorisés , qu'ils ne
succédoient le plus souvent qu'à des marchés déjà faits et résiliés arbitrairement , par
la même puissance qui appeloit alors d'autres
contractans , sans leur donner aucun motif
de croire que les derniers engagemens seroient plus respectés que les anciens.

C'est un malheur qui en dernière ana-
lyse tombe toujours sur le gouvernement,
lorsqu'on a lieu de craindre qu'il paiera
mal , ou qu'il ne paiera pas du tout. Toutes
ces chances se calculent ; et comme les be-

soins sont toujours du côté de l'administration, les entrepreneurs qu'elle est obligée de
provoquer, prennent envers elle mille précautions que l'intérêt personnel invente pour
se mettre à l'abri, lui font la loi, et aggra-
vent leurs conditions, jusqu'à ce que, tous
risques compensés, ils aient la chance pro-
bable d'un bénéfice courant.

Il arrive delà que les fournitures sont
données à des aventuriers, dont le plus grand
nombre manque à ses engagemens, et se
ruine, tandis que d'autres, plus heureux,
font fortune; et, sur le tout, le gouvernement est bien loin de gagner; parce qu'en
dernier résultat, il aura, par cette raison
même, payé les choses beaucoup plus cher
qu'au taux des marchés particuliers.

Peut-être seroit-il d'une bonne politique,
de ne pas jeter des regards trop inquisitifs
sur le passé, et de ne pas scruter avec trop
de sévérité les fortunes faites dans les fournitures de tout genre, de peur d'effrayer

les hommes honnêtes qui auroient envie de se lier par la suite avec le gouvernement, et de créer une défiance telle, qu'à la première occasion, où les besoins pourroient renaître, la crainte dût éloigner tous les vrais capitalistes, pour laisser la place à ceux-là seuls qui n'auroient rien à perdre.

A Dieu ne plaise cependant que je plaide ici la cause des faussaires ; le cas de ces derniers est prévu par la loi ; il faut qu'elle les atteigne. Je crois seulement que s'il s'est fait de certains gains un peu graveleux , il faut l'attribuer à la peur de l'arriéré , à la difficulté des liquidations, à l'inutilité des bons ; qu'il suffit que pour l'avenir le mal disparoisse avec ses causes, et que, pour le passé, il en est des souvenirs financiers , comme des souvenirs révolutionnaires : pour bien aller , il faut les laisser derrière soi.

www.ingramcontent.com/pod-product-compliance
Lightning Source LLC
LaVergne TN
LVHW021734170726
843503LV00004B/1557